Bibliografische Information der Deutschen Nationalbibliothek:

Die Deutsche Bibliothek verzeichnet diese Publikation in der Deutschen National-bibliografie; detaillierte bibliografische Daten sind im Internet über http://dnb.d-nb.de/ abrufbar.

Impressum:

Copyright © 2017 GRIN Verlag
Druck und Bindung: Books on Demand GmbH, Norderstedt Germany
ISBN: 9783668975774

Dieses Buch bei GRIN:

https://www.grin.com/document/489029

Felix Lerch

Effizienzvorteile durch Cloud Computing im Vertrieb

GRIN Verlag

GRIN - Your knowledge has value

Der GRIN Verlag publiziert seit 1998 wissenschaftliche Arbeiten von Studenten, Hochschullehrern und anderen Akademikern als eBook und gedrucktes Buch. Die Verlagswebsite www.grin.com ist die ideale Plattform zur Veröffentlichung von Hausarbeiten, Abschlussarbeiten, wissenschaftlichen Aufsätzen, Dissertationen und Fachbüchern.

Besuchen Sie uns im Internet:

http://www.grin.com/

http://www.facebook.com/grincom

http://www.twitter.com/grin_com

Fakultät Wirtschaftswissenschaften

Seminar

„DV-Applikationen im Marketing- und Vertriebscontrolling"

Effizienzvorteile durch Cloud Computing im Vertrieb

Seminararbeit am

Lehrstuhl für Unternehmensrechnung und Controlling

WS 2017/2018

Verfasser:
Lerch, Felix
3. Fachsemester

Inhaltsverzeichnis

Abkürzungsverzeichnis

Customer Relationship Management-Systeme   CRM-Systeme

Customer Relationship Management   CRM

Computer Added Selling   CAS

Online Analytical Processing   OLAP

Application Service Providing   ASP

Service-Level-Agreements   SLA

Kleine und mittelständische Unternehmen   KMU

Infrastructure-as-a-Service   IaaS

Platform-as-a-Service   PaaS

Software-as-a-Service   SaaS

1. Einleitung

Neben den Bereichen mobile Geräte, Internet der Dinge und Big Data gehört Cloud Computing zu den aktuellen Themen im Bereich der Informationstechnologie.[1] Cloud Computing, auch „Software-on-Demand" genannt, wird verstanden als Bereitstellung von Services über das Internet. Dabei zeichnet sich die noch relativ junge Technologie durch die flexible Abrufbarkeit der Services aus.[2] Zudem basiert diese neue Form des IT-Outsourcings auf einer verbrauchsabhängigen Kostenverrechnung (Pay-per-Use).[3] Obwohl das Cloud Computing in den letzten Jahren vermehrt in der Praxis eingesetzt wird, stehen nicht wenige Unternehmen der neuen Technologie noch skeptisch gegenüber.[4] Darüber hinaus sind die positiven Effekte, die sich durch die Einführung des Cloud Computings ergeben können, nicht immer direkt ersichtlich.[5]

Im Themenbereich des Cloud Computing sieht die Forschung insbesondere den Vertrieb als einen Funktionsbereich im Unternehmen an, der sich für das Outsourcing von IT-Ressourcen, in Form des SaaS-Servicemodells, eignet. Als ein möglicher Ansatzpunkt für das Cloud Computing werden in erster Linie die weit verbreiteten Customer Relationship Management-Systeme (CRM-Systeme) genannt.[6] Insgesamt gibt es jedoch nur wenige wissenschaftliche Literaturquellen, welche die Auswirkungen einer Anwendung der Technologie in Unternehmen thematisieren. Die vorhandenen Artikel bieten zumeist nur eine eher überblicksartige und wenig konkrete Betrachtung. Dies gilt auch für solche Artikel, welche die Integration eines Cloud Computings im Vertrieb thematisieren. Eine umfassende und detaillierte Betrachtung der Chancen und Vorteile des Cloud Computings im Vertrieb findet nicht statt.

Ziel dieser Seminararbeit ist es aufzuzeigen, welche Effizienzvorteile sich für den Vertrieb durch eine Integration eines Cloud Computings ergeben können. Somit soll die Seminararbeit dazu beitragen, die zuvor beschriebene Lücke in der Literatur zum Themenbereich des Cloud Computings zu schließen. Der Fokus liegt dabei auf der Betrachtung von CRM-Systemen und dem SaaS-Servicemodell. Im Rahmen dieser Betrachtung soll insbesondere erörtert werden, welche Form von Effizienzvorteilen der Vertrieb erwarten kann und welche Auswirkung diese haben. Darüber hinaus soll die Seminararbeit die

---

[1] Vgl. Cseh/Marx (2016), S. 356.
[2] Vgl. BITKOM (2009), S. 14.
[3] Vgl. Elste (2016), S. 24.
[4] Vgl. KPMG (2015), S. 7 f.
[5] Vgl. Hoberg et al. (2012), S. 297.
[6] Vgl. Hess et al. (2009), S. 15.

Frage klären, ob und in welcher Form sich für das Vertriebscontrolling Auswirkungen durch die Nutzung der Cloud Computing Technologie ergeben.

Der sich anschließende Teil der Arbeit ist wie folgt strukturiert: das nächste Kapitel geht zunächst auf den Vertrieb und das Vertriebscontrolling ein. Im zweiten Schritt wird die DV-Unterstützung im Vertrieb, in Form von CRM-Systemen, näher beleuchtet. Das dritte Kapitel soll im Anschluss einen Überblick über das Themenfeld des Cloud Computing geben und somit die Grundlage für das vierte Kapitel schaffen. Zunächst wird ein Überblick über das Thema Cloud Computing in Praxis und Forschung gegeben. Daran anschließend werden die Servicemodelle des Cloud Computings vorgestellt. Die Erläuterung des SaaS-Servicemodells leitet dann zum nächsten Abschnitt über. Im vierten Kapitel werden die Effizienzvorteile, die durch SaaS-Applikationen im Vertrieb erzielt werden können und deren Auswirkung auf den Vertrieb herausgearbeitet. Zusätzlich werden mögliche Konsequenzen durch die Einführung des Cloud Computings auf das Vertriebscontrolling betrachtet. Das Kapitel endet mit der Betrachtung einer Einführung eines Cloud-basierten CRM-Systems in der Praxis. Abschließend werden im fünften Kapitel die zentralen Erkenntnisse zusammengefasst und ein Ausblick in die Zukunft gegeben.

2. Vertrieb

Das folgende Kapitel gibt einen Überblick über den Vertrieb sowie über das dazugehörige Vertriebscontrolling. Darüber hinaus wird die DV-Unterstützung des Vertriebs, in Form von CRM-Systemen, näher beleuchtet.

2.1 Ziele und Aufgaben des Vertriebs

Der Vertrieb wird als Unternehmensfunktion gesehen, welcher eine hohe Bedeutung zugemessen wird. Grund dafür ist, dass der Vertrieb die unmittelbare Verbindung zwischen Unternehmen und Kunden darstellt.[7] Die wesentlichen Aufgabenbereiche des Vertriebs umfassen die Kundenakquise, die Leistungsvermittlung und das Kundenmanagement. Mit der Wahrnehmung dieser Aufgaben schafft der Vertrieb die Voraussetzungen für die Generierung von Umsätzen.[8] Dementsprechend hat die Leistung des Vertriebs einen maßgeblichen Einfluss auf den wirtschaftlichen Erfolg des Unternehmens. Auf der anderen

---

[7] Vgl. Krügerke (2009), S. 23.
[8] Vgl. Helm et al. (2015), S. 125-128.

Seite stellt der Vertrieb eine Unternehmensfunktion mit vergleichsweise hohem Kosten-aufwand dar. Gleichwohl wurde der Optimierung des Vertriebs in der Vergangenheit nur wenig Beachtung geschenkt.[9] In den letzten Jahren verändern sich jedoch die Anforde-rungen an den Vertrieb, der sich einer stärker werdenden Erwartungshaltung nach Effi-zienzsteigerungen gegenübergestellt sieht. Darüber hinaus muss der Vertrieb Antworten auf eine zunehmende Wettbewerbsintensität und gestiegene Ansprüche der Kunden fin-den.[10]

Um diese neuen Herausforderungen zu meistern intensivieren viele Unternehmen ihr Customer Relationship Management (CRM).[11] Bei CRM handelt es sich um eine auf den Kunden ausgerichtete Unternehmensstrategie, die dem gestiegenen Stellenwert von lang-lebigen Kundenbeziehungen Rechnung trägt.[12] Die Einführung eines CRM-Konzeptes er-fordert im Unternehmen eine ganzheitliche Ausrichtung der betrieblichen Prozesse im Sinne der Kundenorientierung. Dabei bezieht das CRM neben bestehenden Kundenbe-ziehungen auch potenzielle und verlorene Kunden mit ein.[13] Auf diese Weise sollen er-tragsreiche Kunden und Produkte sowie Methoden der Neukundengewinnung identifi-ziert werden.[14] Die Unternehmensstrategie wird computergestützt mithilfe eines CRM-Systems, welches in Kapitel 2.2 näher erläutert wird, umgesetzt.[15]

Wie auch in vielen anderen Unternehmensbereichen gibt es ein zum Vertrieb zugehöriges Controlling, welches dem Vertriebsmanagement durch eine umfangreiche Führungsun-terstützung zur Seite steht. Diese Unterstützung findet in Form einer Bereitstellung von entscheidungsrelevanten Informationen statt. Das Vertriebscontrolling zielt somit darauf ab, das Management bei Entscheidungen hinsichtlich einer verbesserten Kundenorientie-rung mit geeigneten Informationen zu versorgen. In diesem Zusammenhang muss evalu-iert werden, welche Informationen relevant sind und in welcher Form diese aufbereitet und präsentiert werden müssen.[16] Dass die Informationsversorgung durch das Ver-triebscontrolling wichtig ist, zeigt sich bei einem Blick in die Praxis. Dort arbeitet das Controlling mit einem Vertriebsmanagement zusammen, welches die Entscheidungen fast ausschließlich an der Zielgröße des Umsatzes festmacht. Darüber hinaus mangelt es

---

[9] Vgl. Dannenberg/Zupancic (2008), S. 2.
[10] Vgl. Weber et al. (2009), S. 12.
[11] Vgl. Rapp (2005), S. 170.
[12] Vgl. Rapp (2005), S. 41.
[13] Vgl. Leußer et al. (2011), S. 18.
[14] Vgl. Rapp (2005), S. 45.
[15] Vgl. Leußer et al. (2011), S. 18.
[16] Vgl. Krügerke (2009), S. 23-28.

meist an einer adäquaten Dokumentation und Analyse der Vertriebsaktivitäten. Unter diesen Umständen ist eine Vertriebssteuerung, die sowohl auf den Kunden als auch auf das Erfolgsziel ausgerichtet ist, nur eingeschränkt umsetzbar.[17]

Das Vertriebscontrolling ist meist nicht mehr in der zentralen Controllingabteilung sondern direkt im Vertriebsbereich angesiedelt.[18] Die Erstellung von Auswertungen und Berichten findet also unmittelbar auf operativer Ebene statt.[19] Dabei übernimmt das Vertriebscontrolling in zweierlei Hinsicht eine wichtige Informationsversorgungsfunktion. Dies ist auf der einen Seite im Rahmen des Außendienstberichtwesens die fortlaufende Versorgung des Außendienstmitarbeiters mit aktuellen Informationen.[20] Auf diese Weise soll ein auf den Kunden zugeschnittener Verkaufsprozess gewährleistet werden.[21] Auf der anderen Seite unterstützt das Vertriebscontrolling das Vertriebsmanagement mit der Bereitstellung von Informationen zur Profitabilität der Vertriebsaktivitäten.[22] Diese Informationen werden unteranderem aus dem Außendienstberichtswesen generiert und in verdichteter Form zur Verfügung gestellt. Damit das Vertriebsmanagement die richtigen Entscheidungen treffen kann, muss das Vertriebscontrolling dafür Sorge tragen, dass eine angemessene Erfassung und Aufbereitung der im Außendienst generierten Daten stets gewährleistet ist.[23] Das Vertriebsmanagement soll durch die Informationsversorgung des Controllings in der Lage sein, eine ergebnisorientierte und kundenorientierte Planung, Kontrolle und Koordination der Vertriebsaktivitäten sicherzustellen.[24]

Neben den zuvor genannten Aufgaben übernimmt das Vertriebscontrolling auch die Außendienstmitarbeitersteuerung. Dabei geht es darum die Vergütungssysteme der Außendienstmitarbeiter so zu gestalten, dass die Mitarbeitermotivation steigt und ein bestmögliches Vertriebsergebnis im Sinne der Kundenorientierung erzielt wird.[25] Weiterhin muss das Controlling die informationstechnologischen Entwicklungen im Vertrieb im Blick haben. Bei der Anschaffung von neuen Anwendungen soll ein ausgewogenes Verhältnis zwischen Nutzen- und Kostenseite gewährleistet sein. Bestehende Anwendungen sollen hingegen hinsichtlich ihres Beitrags zur Kundenbindung und Schaffung von Wettbewerbsvorteilen weiterentwickelt werden.[26]

---

[17] Vgl. Reichmann et al. (2017), S. 488.
[18] Vgl. Winkelmann (2012), S. 666.
[19] Vgl. Winkelmann (2012), S. 255.
[20] Vgl. Reichmann et al. (2017), S. 489.
[21] Vgl. Reichmann et al. (2017), S. 497.
[22] Vgl. Reichmann et al. (2017), S. 489.
[23] Vgl. Reichmann/Palloks (1998), S. 246.
[24] Vgl. Reichmann/Palloks (1998), S. 234.
[25] Vgl. Reichmann et al. (2017), S. 489.
[26] Vgl. Winkelmann (2012), S. 668.

2.2 DV-Unterstützung im Vertrieb

Die Formen der DV-Unterstützung im Vertrieb können sehr unterschiedlich sein. Denkbar sind simple Datenbanken mit Markt- und Kundeninformationen bis hin zu umfangreichen CRM-Systemen mit Schnittstellen zu weiteren Informationssystemen aus anderen Unternehmensbereichen.[27] Für den Erfolg im Vertrieb ist es unerlässlich, dass der Vertriebsmitarbeiter den Kunden bestmöglich informiert. Dies setzt voraus, dass der Vertriebsmitarbeiter ein Werkzeug an der Hand hat, welches ihm im Verkaufsprozess unterstützt.[28] Eine solche Unterstützung können CRM-Systeme darstellen. Diese helfen dem Anwender beim kundenorientierten Aufbau und bei der Pflege von Kundenbeziehungen mit einer anhaltenden Profitabilität. In Unternehmen ohne CRM-System sind die IT-Applikationen in den Bereichen Marketing und Vertrieb meist unzureichend integriert, sodass die Informationsversorgung mitunter durch Inkonsistenzen geprägt ist. Ein CRM-System kann hier Abhilfe schaffen, indem es die isolierten Anwendungen zu einem aufeinander abgestimmten Gesamtsystem verbindet. Dadurch erhält der Vertrieb einen umfassenderen und detaillierteren Blick auf den Kunden.[29] Dies ist zugleich auch die wesentliche Weiterentwicklung zum Computer Added Selling (CAS), welches als Vorgänger des CRM gilt.[30]

Ein CRM-System verfügt über drei Komponenten. Dies sind das operative CRM, das analytische CRM und das kooperative CRM (auch kommunikatives CRM genannt). Das operative CRM unterstützt Prozesse, die durch einen direkten Kundenkontakt charakterisiert sind. Dies können Marketing-, Vertriebs- oder Serviceprozesse sein.[31] Als Grundlage dient dabei eine operative Kundendatenbank, in der alle Informationen aus den drei Geschäftsprozessen hinterlegt werden.[32] Bei den unterstützten Prozessen handelt es sich beispielsweise um die Termin- und Routenplanung, die Angebotserstellung oder die Besuchsberichtserfassung.[33] Die Daten, welche in der Interaktion mit dem Kunden generiert wurden, werden vom analytischen CRM erfasst und in einem zentralen Customer Data Warehouse hinterlegt. Mithilfe von Methoden wie dem Online Analytical Processing (OLAP) und dem Data Mining wird eine Auswertung dieser Daten vorgenommen. Auf

---

[27] Vgl. Homburg (2012), S. 1152.
[28] Vgl. Albers/Krafft (2013), S. 337.
[29] Vgl. Hippner/Wilde (2005), S. 466-468.
[30] Vgl. Winkelmann (2012), S. 251.
[31] Vgl. Hippner/Wilde (2005), S. 469.
[32] Vgl. Leußer et al. (2011), S. 45.
[33] Vgl. Rentzmann et al. (2011), S. 142 f.

diese Weise sollen die auf den Kunden ausgerichteten Prozesse optimiert werden.[34] Das Ergebnis bei der Anwendung dieser Tools können Auswertungen, Berichte oder Handlungsempfehlungen sein.[35] Dementsprechend kommt das analytische CRM unter anderem im Rahmen des Vertriebscontrollings zum Einsatz. Die dritte Komponente, das kooperative CRM, ist hingegen primär auf die gemeinsame Arbeit mit den Vertriebspartnern ausgerichtet. Es unterstützt den Vertrieb bei der Koordination der Absatzkanäle.[36]

Heute reicht der reine Verkauf von Produkten oder Dienstleistungen nicht aus, um einen langfristig gewinnbringenden Kundenstamm aufzubauen. Es erfordert eine auf den Kunden zugeschnittene Kommunikation sowie Serviceleistungen im Pre- und After-Sales-Geschäft.[37] Das CRM-System kann hier unterstützend wirken, indem es Informationen bereitstellt, die eine systematische und differenzierte Kundenansprache ermöglichen.[38] Insbesondere das analytische CRM-System kann den Vertrieb entlasten und ermöglicht so, dass sich die Mitarbeiter verstärkt ihrer Kernaufgabe widmen können. Die CRM-Systeme werden dabei primär von den Außendienstmitarbeitern, die stets in direktem Kundenkontakt stehen, verwendet. Auf der anderen Seite nutzen auch Vertriebsmanager das CRM-System, um die Verkaufsaktivitäten zu überwachen.[39]

3. Cloud Computing als neuer Trend in der IT

Das dritte Kapitel gibt eine Einführung in die technologischen Aspekte des Cloud Computings. Gleichzeitig wird dargelegt, welche Beachtung das Thema in der betriebswirtschaftlichen Literatur erhält und wie die Praxis die neue Technologie aufnimmt.

3.1 Cloud Computing in der Praxis und Stand der Forschung

Das Cloud Computing gilt neben anderen aktuellen Themen, wie Big Data oder dem Internet der Dinge, als einer der Trends in der IT.[40] Es bezeichnet die Bereitstellung von IT-Ressourcen, in Form von Software und Hardware, über das Internet.[41] Seinen Ursprung hat das Cloud Computing dabei in anderen Technologien wie dem Utility Computing, dem Grid Computing und dem Application Service Providing (ASP).[42] Obwohl das Cloud

---

[34] Vgl. Hippner/Wilde (2005), S. 470.
[35] Vgl. Albers/Krafft (2013), S. 334.
[36] Vgl. Winkelmann (2012), S. 256.
[37] Vgl. Hippner/Wilde (2005), S. 467.
[38] Vgl. Wolf (2009), S. 58.
[39] Vgl. Albers/Krafft (2013), S. 339 f.
[40] Vgl. Cseh/Marx (2016), S. 356.
[41] Vgl. Armbrust et al. (2010), S. 50.
[42] Vgl. Biebl (2012), S. 22.

Computing noch ein verhältnismäßig neues Thema in den Bereichen der Informatik und der Betriebswirtschaft sowie deren verwandten Teilbereichen ist, finden sich einige Beiträge, die sich intensiv mit der Technologie auseinandersetzen. Die Vielfältigkeit und die Neuheit des Themas tragen dazu bei, dass es mitunter Abweichungen in den Definitionen des Cloud Computings gibt. Nichtsdestotrotz lassen sich einige Charakteristika des Cloud Computings finden, die in einem Großteil dieser Beiträge übereinstimmen und im Folgenden näher ausgeführt werden.

Das Cloud Computing wird durch fünf Merkmale charakterisiert. Die IT-Ressourcen können ohne Interaktion mit dem Service-Provider angefordert werden („On demand self-service") und lassen sich beliebig skalieren ("Rapid elasticity"). Über ein Multi-Tenant Modell findet eine automatische Zuordnung der Ressourcen je nach Bedarf des Anwenders statt („Resource pooling"). Dieser kann die angebotenen Dienste auf unterschiedlichen Endgeräten über eine Internetverbindung nutzen („Broad network access"). Die permanente Kontrolle und Dokumentation der Ressourcennutzung gewährleistet dabei die Transparenz für Anwender und Service-Provider („Measured service").[43]

Um das Konzept des Cloud Computings zu verstehen, ist es hilfreich neben den Merkmalen auch die Architektur des Cloud Computings zu betrachten. Dies kann aus der organisatorischen oder der technischen Sichtweise erfolgen.[44] Aus der organisatorischen Sichtweise lassen sich drei Formen des Cloud Computings unterscheiden: Private Cloud, Public Cloud und Hybrid Cloud. Die Private Cloud wird unternehmensintern betrieben. Lediglich die eigenen Mitarbeiter sowie gegebenenfalls Lieferanten und Kunden des Unternehmens haben die Möglichkeit auf die Inhalte der Cloud zuzugreifen. Das Betreiben einer Private Cloud ermöglicht dem Anwender die Cloud-Umgebung optimal auf die unternehmensspezifischen Prozesse anzupassen. Die Public Cloud wird hingegen von einem externen IT-Dienstleister zur Verfügung gestellt. Über eine Internetverbindung kann der Anwender die angebotenen Services auf einer flexiblen Basis nutzen. Bei den angebotenen Services handelt es sich meist um Anwendungen die einen hohen Standardisierungsgrad aufweisen. Darüber hinaus sind Public Clouds häufig durch ein „Pay-per-Use" Mietmodell gekennzeichnet. Der IT-Dienstleister bietet die Services also in Verbindung mit einem verbrauchsabhängigen Abrechnungsmodell an. Eine Mischform ist die Hybrid

---

[43] Vgl. Mell/Grance (2011), S. 2.
[44] Vgl. Baun et al. (2011), S. 27.

Cloud, welche Kombinationen der anderen beiden Organisationsformen und/oder traditioneller IT darstellt.[45] Anders als bei der organisatorischen Sichtweise liegt der Fokus bei der technischen Sichtweise auf den funktionalen Merkmalen des Cloud Computings.[46] Eine nähere Betrachtung der verschiedenen Servicemodelle findet in Abschnitt 3.2 statt.

Neben den wissenschaftlichen Artikeln, die sich mit den Merkmalen und der Architektur des Cloud Computings befassen, gibt es eine große Anzahl von Beiträgen, die weitere eher allgemeine Aspekte des Cloud Computings beleuchten. Dies sind beispielsweise Themen wie Vereinbarungen im Rahmen von Service-Level-Agreements (SLA) oder Sicherheitsaspekte des Cloud Computings.[47] Wissenschaftliche Artikel mit einer detaillierten Betrachtung der Anwendung des Cloud Computings in einem bestimmten Unternehmensbereich finden sich hingegen eher selten. Ein Blick von der Theorie in die Praxis zeigt, dass die Unternehmen ein steigendes Interesse an der Technologie des Cloud Computings zeigen. In Zahlen ausgedrückt bedeutet dies, dass im Jahr 2014 knapp 50% der Unternehmen in Deutschland das Cloud Computing nutzen. Insbesondere Großunternehmen und Konzerne machen derzeit Gebrauch von der Technologie, wobei der Anteil der Cloud-Nutzer aus kleinen und mittelständischen Unternehmen (KMU) immer weiter ansteigt. Eine überdurchschnittliche Nutzung des Cloud Computings lässt sich dabei in den Branchen IT und Telekommunikation, Automobilbau, Logistik sowie Chemie und Pharmazie feststellen.[48] Nichtsdestotrotz herrscht bei Unternehmen nicht selten Unklarheit darüber, welche positiven Effekte sich aus der Anwendung des Cloud Computings ergeben können.[49] Darüber hinaus gelten Sicherheitsaspekte und Themen im Zusammenhang mit der Compliance als Hemmnisse für eine stärkere Nutzung von Cloud-Services durch die Unternehmen.[50]

3.2 Servicemodelle des Cloud Computings

Nachdem im vorherigen Unterkapitel die organisatorische Sichtweise des Cloud Computings im Fokus stand, soll hier nun die technische Sichtweise betrachtet werden. Aus dieser lassen sich folgende unterschiedliche Servicemodelle (auch Ebenen genannt) des

---

[45] Vgl. BITKOM (2009), S. 30.
[46] Vgl. Baun et al. (2011), S. 27.
[47] Vgl. Hoberg et al. (2012), S. 296.
[48] Vgl. KPMG (2015), S. 7-10.
[49] Vgl. Hoberg et al. (2012), S. 297.
[50] Vgl. KPMG (2015), S. 38.

Cloud Computings ableiten: Infrastructure-as-a-Service (IaaS), Platform-as-a-Service (PaaS) und Software-as-a-Service (SaaS).[51]

Das Servicemodell IaaS bildet die unterste Ebene des Cloud Computings. Dabei handelt es sich um grundlegende IT-Infrastruktur und Hardware-Komponenten, die dem Anwender in virtualisierter Form zur Verfügung gestellt werden. Die IT-Infrastruktur umfasst Komponenten wie Netzwerke, Speicher oder Server und kann vom Anwender über eine Internetverbindung genutzt werden.[52] Der Anwender kann somit Betriebssysteme und andere Komponenten nutzen, ohne dass er die erforderlichen Voraussetzungen schaffen muss.[53] Demzufolge fallen keine hohen Anfangsinvestitionen für den Aufbau der IT-Infrastruktur an.[54] Die nächst höhere Ebene, Anwendungs-Infrastruktur-Ebene oder Middleware-Layer genannt, umfasst das PaaS-Modell. Der Anbieter stellt technische Frameworks in Form von Entwicklungsplattformen bereit, welche die Entwicklung und Integration von individuellen Anwendungskomponenten ermöglichen. Insbesondere Mitarbeiter aus dem IT-Umfeld, wie Anwendungsentwickler und Software-Architekten, nehmen diesen Service in Anspruch[55] Der Nutzer ist hier lediglich für die Verwaltung seiner Anwendungen verantwortlich, während die Bereitstellung und Verwaltung der Infrastruktur wie beim IaaS durch den Cloud-Anbieter erfolgt.[56]

SaaS bezeichnet aus technischer Sicht die oberste Ebene des Cloud Computings und gilt als Weiterentwicklung des ASP Im Rahmen dieses Services kann der Nutzer auf im Internet bereitgestellte Anwendungen zugreifen.[57] Der Zugriff mit unterschiedlichen Endgeräten erfolgt dabei über einen Webbrowser oder über ein Programm-Interface.[58] Dementsprechend erübrigt sich für den Nutzer eine lokale Installation der Software.[59] Bei dem Nutzer handelt es sich im Gegensatz zum PaaS-Modell um den Endanwender, beispielsweise ein Mitarbeiter aus der Fachabteilung.[60] Die im SaaS-Modell angebotenen Anwendungen sind hauptsächlich auf Betriebsfunktionen mit einem hohen Standardisierungsgrad zugeschnitten. Dies sind unter anderem Abteilungen wie das Personalwesen oder

---

[51] Vgl. BITKOM (2009), S. 22.
[52] Vgl. BITKOM (2009), S. 22-25.
[53] Vgl. Mell/Grance (2011), S. 3.
[54] Vgl. BITKOM (2009), S. 25.
[55] Vgl. BITKOM (2009), S. 25 f.
[56] Vgl. Mell/Grance (2011), S. 3.
[57] Vgl. BITKOM (2009), S. 27.
[58] Vgl. Mell/Grance (2011), S. 3.
[59] Vgl. Baun et al. (2011), S. 37.
[60] Vgl. BITKOM (2009), S. 23.

das Kundenbeziehungsmanagement.[61] Aus diesem Grund werden meist relativ stark standardisierte Anwendungen angeboten, die bei der Implementierung im Hinblick auf unternehmensspezifische Besonderheiten individuell anzupassen sind. Der durch den Anbieter bereitgestellte Service umfasst neben den Lizenzen für Hard- und Software zusätzlich auch die Wartung sowie den Betrieb.[62]

4. Cloud Computing im Vertrieb

Wie im vorangegangenen Kapitel gezeigt, handelt es sich bei Cloud-basierten CRM-Systemen um das SaaS-Modell. Im Folgenden soll nun erörtert werden wie sich die Implementierung des Cloud Computings im Vertriebsbereich auswirkt.

4.1 Effizienzvorteile durch Cloud Computing

Cloud-basierte CRM-Systeme, in Form von SaaS-Anwendungen, zeichnen sich unter anderem durch ihre Flexibilität aus. Diese Flexibilität besteht sowohl in operativer als auch in strategischer Hinsicht. Strategisch gesehen hat der Kunde bei SaaS-Anwendungen den Vorteil, dass er keine produktbezogenen Investitionen in Soft- oder Hardwarekomponenten vornimmt. Demzufolge sinkt die technische Abhängigkeit gegenüber dem SaaS-Anbieter wodurch ein Systemwechsel prinzipiell einfacher möglich wird.[63] Aus operativer Sicht bieten SaaS-Anwendungen Vorteile, die ihrer Eigenschaft der Skalierbarkeit geschuldet ist.[64] Normalerweise werden für saisonal- oder trendbedingte Lastspitzen entsprechend hohe Ressourcen vorgehalten. In einem Großteil der Zeit werden jedoch deutlich weniger Ressourcen in Anspruch genommen. Die SaaS-Anwendungen können dieses Problem verhindern. Durch ihre Skalierbarkeit ist es möglich, zusätzliche Ressourcen kurzfristig und bedarfsgerecht bereitzustellen, um somit die Vorhaltung von zu vielen Ressourcen (Overprovisioning) zu verhindern.[65] Insbesondere für Unternehmen, die mit schwankenden oder schwer kalkulierbaren Lastspitzen im Vertrieb konfrontiert sind, können SaaS-Anwendungen dank ihrer Flexibilität einen Vorteil bieten.[66]

Weitere Vorteile, die durch die Implementierung von SaaS-Anwendungen erzielt werden können, sind Kostenvorteile und eine Erhöhung der Liquidität. Die Unternehmen können

---

[61] Vgl. Hess et al. (2009), S. 15.
[62] Vgl. BITKOM (2009), S. 27.
[63] Vgl. Buxmann et al. (2015), S. 235.
[64] Vgl. Benlian/Hess (2010), S. 177.
[65] Vgl. Baun et al. (2011), S. 118.
[66] Vgl. Cseh/Marx (2016), S. 365.

gegenüber einer On-Premise Anwendung mit niedrigeren Kosten für die Anschaffung und die Implementierung kalkulieren. Die Kostenersparnisse sind unter anderem bedingt durch die Betriebssystem-Unabhängigkeit und die eingeschränkte Anpassungsfähigkeit von SaaS-Anwendungen.[67] Neben den zuvor erwähnten Ersparnissen ergeben sich weitere Kostenvorteile im Betriebsprozess. Die hohen Kosten für On-Premise Anwendungen sind insbesondere durch Aufwendungen für Personal, Wartung und Bereitstellung von IT-Infrastruktur begründet. Diese Kostenblöcke sind bei SaaS-Anwendungen hingegen deutlich reduziert oder fallen gegebenenfalls sogar völlig weg.[68] Die verbrauchsabhängige Abrechnung, durch die die SaaS-Anwendungen charakterisiert sind, bietet weitere kostenseitige Vorteile. Der Nutzer zahlt nur für die tatsächlich in Anspruch genommenen Leistungen und profitiert zeitgleich von der operativen Flexibilität. Somit wird das Problem des im Rahmen von On-Premise Anwendungen auftretenden Overprovisionings und der damit verbundenen finanziellen Belastung beseitigt.[69] Dadurch wird es auch kleineren Unternehmen mit einem geringem Budget möglich, das Kundenbeziehungsmanagement auf Basis geeigneter IT-Anwendungen zu verbessern.[70] Darüber hinaus bietet die erhöhte Liquidität zusätzliche Freiräume für Investitionen in weitere Vorhaben im IT-Bereich.[71] Im Zusammenhang mit den wegfallenden Kostenblöcken bei SaaS-Anwendungen wird auch der Vorteil der Fokussierung auf die Kernkompetenzen genannt. Durch die Auslagerung von Tätigkeiten wie der IT-Wartung werden freie Kapazitäten für andere Aufgaben geschaffen.[72]

Die Nutzung eines Cloud-basierten CRM-Systems bietet auch Vorteile im direkten Kundenkontakt, wie dies beispielsweise im Außendienst der Fall ist. Für den Erfolg der Verkaufsaktivitäten des Außendienstes ist es wichtig, dass dieser durch eine aktuelle Informationsversorgung unterstützt wird.[73] Der ortsunabhängige Zugriff der SaaS-Anwendung ermöglicht es, die Services auch außer Haus über eine Internetverbindung in Anspruch zu nehmen.[74] Somit kann der Außendienst über verschiedenste Endgeräte (z.B. Smartphone, Tablet, Laptop) die aktuellsten Informationen abrufen und diese als Basis für seine

---

[67] Vgl. Buxmann et al. (2015), S. 233-235.
[68] Vgl. Föckeler (2010), S. 114-116.
[69] Vgl. Baun et al. (2011), S. 118.
[70] Vgl. Voland (2017), S. 163.
[71] Vgl. Föckeler (2010), S. 116.
[72] Vgl. Benlian/Hess (2010), S. 178.
[73] Vgl. Reichmann/Palloks (1998), S. 246.
[74] Vgl. Matt (2009), S. 151.

Verkaufsaktivitäten nutzen. Im direkten Kundenkontakt können SaaS-Anwendungen außerdem dazu verwendet werden, den Kunden neue Services zur Verfügung zu stellen.[75] Diese wollen mitunter kein standardisiertes, sondern ein individualisiertes Produkt, welches bestmöglich auf ihre Anforderungen zugeschnitten ist.[76] Um diesen Wünschen gerecht zu werden, lassen sich Cloud-Services nutzen, um den Bestellvorgang durch interaktive Produktkonfiguratoren zu ergänzen.[77] Das Ergebnis ist eine Angebotskalkulation für ein technisch realisierbares Produkt. Der Außendienst kann somit Fehlerkosten, die in Folge von nicht korrekt konfigurierten Produktvarianten entstehen, minimieren. Darüber hinaus lässt sich auch die für die Angebotserstellung benötigte Zeit reduzieren.[78]

4.2 Auswirkungen auf das Vertriebscontrolling

Nun stellt sich die Frage, in welcher Form das Vertriebscontrolling von der Einführung des Cloud Computings im Vertrieb betroffen ist. Das Vertriebscontrolling ist bereits in dem CRM-System integriert oder es handelt sich um eine eigenständige Softwarelösung. Ähnlich wie CRM-Systeme bauen Cloud-basierte Controlling-Anwendungen in den meisten Fällen auf dem SaaS-Modell auf.[79] Ungeachtet dessen, ob es sich um eine integrierte oder eine eigenständige Controlling-Anwendung handelt, dient das CRM-System als wichtiger Datenlieferant. Die im CRM-System generierten Daten dienen als Grundlage für die Auswertungen im Controlling.[80] Aufgrund der Multi-Tenant-Eigenschaft des Cloud Computings lassen sich diese Auswertungen parallel vornehmen. Das Ergebnis ist eine effizientere Erstellung der Auswertungen sowie eine verbesserte Informationsversorgung, in Form einer schnelleren Bereitstellung von Informationen an das Management. Darüber hinaus begünstigt die Echtzeitverarbeitung der erhobenen Kunden- und Transaktionsdaten die Aktualität der übermittelten Informationen.[81]

Eine weitere Veränderung, die sich durch die Nutzung des Cloud Computings ergibt, ist die Möglichkeit der automatisierten Datenaufbereitung. Diese schafft freie Kapazitäten für weitere Aufgaben des Controllings und die Voraussetzung für ein Self-Service Reporting.[82] Das Konzept des Self-Service Reporting ermöglicht dem Management einen direkten Zugriff auf die erstellten Auswertungen, was sich wiederum in einer verbesserten

---

[75] Vgl. Cseh/Marx (2016), S. 364.
[76] Vgl. Winkelmann (2012), S. 491.
[77] Vgl. Cseh/Marx (2016), S. 364 f.
[78] Vgl. Winkelmann (2012), S. 492 f.
[79] Vgl. Ploss (2016), S. 62.
[80] Vgl. Matt (2009), S. 79.
[81] Vgl. Gärtner/Rockenschaub (2015), S. 710 f.
[82] Vgl. Weber et al. (2012), S. 106.

Datenaktualität und Datenverfügbarkeit widerspiegelt.[83] Neben der Freisetzung von Kapazitäten ergibt sich jedoch noch eine weitere Konsequenz für das Controlling. Mit der Nutzung des Self-Service Reportings fällt nicht nur ein Aufgabenbereich weg, sondern es ergibt sich gleichzeitig eine neue Herausforderung für das Controlling. Es muss sichergestellt sein, dass das Management die erforderlichen Kenntnisse besitzt, um Auswertungen korrekt analysieren und interpretieren zu können. Aus diesem Grund ist es die Aufgabe des Controllings das benötigte Wissen zu vermitteln. Dies umfasst sowohl die technische Seite der Anwendung als auch ein fundiertes Controlling-Wissen.[84]

Neben den zuvor genannten Aspekten ergibt sich eine zusätzliche Änderung durch das nutzungsabhängige Abrechnungsmodell. Die zuvor weitestgehend fixen Softwarekosten sind nun variable Kosten, die zeitraum- oder verbrauchsmengenbezogen abgerechnet werden.[85] In der Folge ergibt sich für das Controlling eine vereinfachte verursachungsgerechte Zuordnung der Kosten[86] sowie eine erhöhte Kostentransparenz.[87]

4.3 Einführung eines Cloud-basierten CRM-Systems in der Praxis

Dass die Einführung eines Cloud-basierten CRM-Systems die in der Literatur genannten Vorteile erzielen kann, zeigt sich mit einem Blick auf ein Beispiel aus der Praxis. Die Aufgabe war es ein CRM-System für den Partnervertrieb der Deutschen Telekom AG zu implementieren. Mit diesem CRM-System sollte das Kundenbeziehungsmanagement im B2B-Bereich eines Partnering-Teams der Digital Business Unit unterstützt werden. Im Vorfeld der Systemauswahl wurden Anforderungen an das CRM-System formuliert, da dieses die Agilität, mit welcher das Team in einem dynamischen Geschäftsfeld agiert, bestmöglich abbilden soll. Aus diesem Grund wurde ein besonderes Augenmerk auf eine kurze Implementierungszeit sowie eine hohe Systemflexibilität gelegt. Darüber hinaus wurden konkrete Ziele definiert, die durch die Implementierung des CRM-System verwirklicht werden sollten. Dies waren unter anderem Transparenz- und Effizienzsteigerungen, ein reduzierter Reporting-Bedarf, kostenseitige Effizienzsteigerungen sowie eine kurze Implementierungszeit.[88]

---

[83] Vgl. Ploss (2016), S. 63.
[84] Vgl. Ploss (2016), S. 64.
[85] Vgl. Repschläger et al. (2010), S. 8.
[86] Vgl. Gärtner/Rockenschaub (2015), S. 711.
[87] Vgl. Hoberg et al. (2012), S. 297.
[88] Vgl. Wirsing (2016), S. 578.

Durch die Auswahl eines Cloud-basierten CRM-Systems konnte das Zeitfenster für die Einführung des Systems klein gehalten werden. Die wesentlichen Gründe dafür waren der schlanke Aufbau der Cloud-Anwendung sowie der Wegfall von zeitintensiven Phasenmodellen im Rahmen der Implementierung. So konnte nach nur wenigen Wochen anstatt mehrere Monate, die bei gewöhnlichen CRM-Systemen veranschlagt werden, das CRM-System in den Regelbetrieb übergehen.[89] Neben den Vorteilen bei der Systemeinführung profitiert das Partnering-Team auch im laufenden Betrieb von den Eigenschaften der Cloud-Anwendung. Die permanente automatische Erfassung von Transaktions- und Kundendaten ermöglicht eine effizientere Gestaltung des Vertriebsprozesses, indem die Mitarbeiter den Fokus ihrer Arbeit auf den direkten Kundenkontakt legen können. Gleichzeitig ist das Vertriebsmanagement dadurch in der Lage, auf Basis von Auswertungen mit einer hohen Aktualität, zeitnah benötigte Entscheidungen zu treffen.[90] Einen weiteren positiven Aspekt stellt die Vernetzung mit Anwendungen anderer Anbieter dar. Für das hier betrachtete Beispiel handelt es sich dabei um das berufliche Netzwerk LinkedIn, welches für das Kundenbeziehungsmanagement im B2B-Bereich genutzt wird. Mit der Einführung des Cloud-basierten CRM-Systems fällt die zuvor erforderliche doppelte Datenpflege weg. Auch hier ergeben sich, ähnlich wie bei der automatisierten Datenerfassung, zusätzlich frei werdende Kapazitäten.[91]

5. Fazit

Ziel der Seminararbeit war es, mögliche Vorteile und Auswirkungen des Cloud Computings auf den Vertriebsbereich herauszuarbeiten. Dafür wurde im zweiten Kapitel zunächst der Vertrieb als Unternehmensfunktion betrachtet. Dabei wurde deutlich, dass zunehmend auch an den Vertrieb Anforderungen hinsichtlich der Optimierung der Prozesse und der Organisation gestellt werden. Auf dem Weg diese Ziele zu erreichen bietet das Vertriebscontrolling durch seine Informationsversorgungsfunktion eine wichtige Unterstützung. Der zusätzlich intensivere Wettbewerbsdruck veranlasst die Vertriebsabteilungen dazu, den Kunden noch mehr als zuvor in den Mittelpunkt der Vertriebsaktivitäten zu stellen. Dabei wird das Kundenbeziehungsmanagement des Vertriebs durch den Einsatz von CRM-Systemen informationstechnologisch unterstützt. Im anschließenden Kapitel wurden die Merkmale des Cloud Computings herausgearbeitet. Es handelt sich bei

---

[89] Vgl. Wirsing (2016), S. 579.
[90] Vgl. Wirsing (2016), S. 581.
[91] Vgl. Wirsing (2016), S. 584.

dieser Technologie um die Bereitstellung von Services über das Internet. Das verbrauchs-abhängige Abrechnungsmodell und die mit der Skalierbarkeit verbundene Flexibilität sind dabei Eigenschaften, die das Cloud Computing auszeichnen. Der Einsatz des Cloud Computings im Unternehmen bietet sich insbesondere für standardisierte Prozesse, wie dies im Bereich des Kundenbeziehungsmanagements der Fall ist, an. Genauer gesagt kommt hier das SaaS-Modell infrage, bei dem Applikationen für den Endanwender im Fachbereich bereitgestellt werden.

Durch die Nutzung von Cloud-basierten CRM-Systemen kann der Vertrieb mit drei we-sentlichen Effizienzvorteilen rechnen. Dies sind zum einen die operative und die strate-gische Flexibilität. Eine geringere Abhängigkeit vom Anbieter sowie die Skalierbarkeit der Services erlauben dem Vertrieb kurzfristig auf veränderte Anforderungen zu reagie-ren. Der zweite Vorteil ergibt sich im Vertriebsprozess. Die Möglichkeit des Außendiens-tes permanent auf aktuelle Informationen und neue Services zurückzugreifen, führen zu einer verbesserten Kundenansprache. Darüber hinaus ergeben sich für den Vertrieb finan-zielle Einsparungen durch den Wegfall von verschiedenen Kostenblöcken. Die Nutzung des Cloud Computings bringt zusätzlich auch Veränderungen für das Vertriebscontrolling mit sich. Durch die Multi-Tenant-Eigenschaft und die Echtzeitverarbeitung können In-formationen schneller zur Verfügung gestellt werden. Gleichzeitig sinkt dank der auto-matisierten Datenaufbereitung und des Self-Service Reportings der Ressourceneinsatz im Vertriebscontrolling. Zuletzt ergibt sich durch die Umwandlung von fixen in variable Kosten eine gesteigerte Kostentransparenz. All diese Auswirkungen suggerieren ein ver-bessertes Kundenbeziehungsmanagement unter geringerem Ressourceneinsatz. Dass die in der Theorie beschriebenen Vorteile durch die Nutzung des Cloud Computings auch in der Praxis tatsächlich erreicht werden können, zeigt das Fallbeispiel der Deutschen Tele-kom AG.

Die Seminararbeit kommt nicht ohne Limitationen aus. Durch den Fokus auf die Effizi-enzvorteile werden mögliche Nachteile, die sich durch die Nutzung des Cloud Compu-tings ergeben können, nicht betrachtet. Es ist zudem davon auszugehen, dass die beschrie-benen Vorteile möglicherweise nicht auf alle SaaS-Anwendungen für den Vertrieb über-tragbar sind. In der Praxis scheint es daher für Unternehmen erforderlich zu sein, die ein-zelnen Optionen detailliert hinsichtlich ihres Beitrags zur Effizienzsteigerung zu betrach-ten. Ferner ist die Tragweite der Vorteile nur schwer einschätzbar, da eine Quantifizie-rung der Vorteile durch die Nutzung des Cloud Computings fehlt. Dies könnte zudem ein Bereich sein, der sich in der Zukunft für eine weiterführende Forschung anbietet.

Literaturverzeichnis

Albers, Sönke/Krafft, Manfred (2013): Vertriebsmanagement: Organisation – Planung – Controlling – Support, Wiesbaden.

Armbrust, Michael/Fox, Armando/Griffith, Rean/Joseph, Anthony D./Katz, Randy/Konwinski, Andy/Lee, Gunho/Patterson, David/Rabkin, Ariel/Stoica, Ion/Zaharia, Matei (2010): A View of Cloud Computing, in: Communications of the ACM, 53. Jg., Heft 4, S. 50-58.

Baun, Christian/Kunze, Marcel/Nimis, Jens/Tai, Stefan (2011): Cloud Computing: Web-basierte dynamische IT-Services, 2. Auflage, Berlin/Heidelberg.

Benlian, Alexander/Hess, Thomas (2010): Chancen und Risiken des Einsatzes von SaaS – Die Sicht der Anwender, in: Benlian, Alexander/Hess, Thomas/Buxmann, Peter (Hrsg.): Software-as-a-Service: Anbieterstrategien, Kundenbedürfnisse und Wertschöpfungsketten, Wiesbaden, S. 174-186.

Biebl, Jürgen (2012): Wofür steht Cloud Computing eigentlich?, in: Wirtschaftsinformatik & Management, 4. Jg., Heft 1, S. 22-29.

BITKOM (2009): Cloud Computing – Evolution in der Technik, Revolution im Business. BITKOM-Leitfaden, o.O., https://www.bitkom.org/noindex/Publikationen/2009/Leitfaden/Leitfaden-Cloud-Computing/090921-BITKOM-Leitfaden-CloudComputing-Web.pdf (Abfrage 29.10.2017).

Buxmann, Peter/Diefenbach, Heiner/Hess, Thomas (2015): Die Softwareindustrie. Ökonomische Prinzipien, Strategien, Perspektiven, 3. Auflage, Berlin/Heidelberg.

Cseh, Christian/Marx, Ben (2016): Technische Trends im Vertrieb, in: Binckebanck, Lars/Elste, Rainer (Hrsg.): Digitalisierung im Vertrieb – Strategien zum Einsatz neuer Technologien in Vertriebsorganisationen, Wiesbaden, S. 356-372.

Dannenberg, Holger/Zupancic, Dirk (2008): Spitzenleistungen im Vertrieb. Optimierungen im Vertriebs- und Kundenmanagement. Mit Handlungsempfehlungen, Wiesbaden.

Elste, Rainer (2016): Paradigmenwechsel im Vertrieb – Konsequenzen neuer Technologien für das Kundenmanagement, in: Binckebanck, Lars/Elste, Rainer (Hrsg.): Digitalisierung im Vertrieb – Strategien zum Einsatz neuer Technologien in Vertriebsorganisationen, Wiesbaden, S. 4-25.

Föckeler, Christoph (2010): Neue Anbieterstrategien: Wie Salesforce.com den Software-Markt umrempelt, in: Benlian, Alexander/Hess, Thomas/Buxmann, Peter (Hrsg.): Software-as-a-Service: Anbieterstrategien, Kundenbedürfnisse und Wertschöpfungsketten, Wiesbaden, S. 109-124.

Gärtner, Bernhard/Rockenschaub, Thomas (2015): Cloud Computing und Controlling – Chancen und Risiken, in: Controlling – Zeitschrift für erfolgsorientierte Unternehmenssteuerung, 27. Jg., Heft 12, S. 709-714.

Helm, Roland/Mauroner, Oliver/Steiner, Michael (2015): Marketing, Vertrieb und Distribution, Konstanz/München.

Hess, Thomas/Benlian, Alexander/Wolf, Christian M./Buxmann, Peter (2009): ERP-as-a-Service: Zukunft oder Sackgasse?, in: Controlling & Management, 53. Jg., Heft 3, S. 14-17.

Hippner, Hajo/Wilde, Klaus D. (2005): Informationstechnologische Grundlagen der Kundenbindung, in: Bruhn, Manfred/Homburg, Christian (Hrsg.): Handbuch Kundenbindungsmanagement, 5. Auflage, Wiesbaden, S. 463-499.

Hoberg, Patrick/Wollersheim, Jan/Böhm, Markus/Krcmar, Helmut (2012): Cloud Computing – Überblick und Herausforderungen für das Controlling, in: Controlling – Zeitschrift für erfolgsorientierte Unternehmenssteuerung, 24. Jg., Heft 6, S. 294-300.

Homburg, Christian (2012): Marketingmanagement: Strategie, Instrumente, Umsetzung, Unternehmensführung, 4. Auflage, Wiesbaden.

KPMG (2015): Cloud-Monitor 2015. Cloud-Computing in Deutschland – Status quo und Perspektiven, o.O., https://www.bitkom.org/noindex/Publikationen/2015/Studien/Cloud-Monitor-2015/Cloud-Monitor-2015-KPMG-Bitkom-Research.pdf (Abfrage 29.10.2017).

Krügerke, Christian (2009): Aktuelle Praxis des Vertriebscontrollings – Ergebnisse einer empirischen Studie, in: Controlling & Management, 53. Jg., Sonderheft 3, S. 23-29.

Leußer, Wolfgang/Hippner, Hajo/Wilde, Klaus D. (2011): CRM – Grundlagen, Konzepte und Prozesse, in: Hippner, Hajo/Hubrich, Beate/Wilde, Klaus D. (Hrsg.): Grundlagen des CRM: Strategie, Geschäftsprozesse und IT-Unterstützung, 3. Auflage, S. 15-55.

Matt, Christian (2009): Software as a Service, in: Controlling & Management, 53. Jg., Heft 3, S. 151-152.

Mell, Peter/Grance, Timothy (2011): The NIST Definition of Cloud Computing: Recommendations of the National Institute of Standards and Technology, Gaithersburg, http://nvlpubs.nist.gov/nistpubs/Legacy/SP/nistspecialpublication800-145.pdf (Abfrage 29.10.2017).

Ploss, Robert (2016): Der digitale Controller, in: Controlling & Management Review, 60. Jg., Heft 2, S. 60-64.

Rapp, Reinhold (2005) Customer Relationship Management. Das Konzept zur Revolutionierung der Kundenbeziehungen, Frankfurt/New York.

Reichmann, Thomas/Kißler, Martin/Baumöl, Ulrike (2017): Controlling mit Kennzahlen: Die systemgestützte Controlling-Konzeption, 9. Auflage, München.

Reichmann, Thomas/Palloks, Monika (1998): Modernes kennzahlengestütztes Vertriebs-Controlling, in: Reichmann, Thomas/Palloks, Monika (Hrsg.): Kostenmanagement und Controlling, Frankfurt/Bern/New York, S. 231-258.

Rentzmann, René/Hippner, Hajo/Hesse, Frank/Wilde, Klaus D. (2011): IT-Unterstützung durch CRM-Systeme, in: Hippner, Hajo/Hubrich, Beate/Wilde, Klaus D. (Hrsg.): Grundlagen des CRM: Strategie, Geschäftsprozesse und IT-Unterstützung, 3. Auflage, S. 129-155.

Repschläger, Jonas/Pannicke, Danny/Zarnekow, Rüdiger (2010): Cloud Computing: Definitionen, Geschäftsmodelle und Entwicklungspotenziale, in: HMD Praxis der Wirtschaftsinformatik, 47. Jg., Heft 5, S. 6-15.

Voland, Roger (2017): Ran an den Kunden – So wird die Customer Journey zum Erfolgstrip, in: Hannig, Uwe (Hrsg.): Marketing und Sales Automation. Grundlagen – Tools – Umsetzung. Alles, was Sie wissen müssen, S.161-173.

Weber, Jürgen/Linnelücke, Andreas/Krügerke, Christian (2009): Herausforderungen im Vertriebsmanagement. Was Controller leisten können, Weinheim.

Weber, Jürgen/Strauß, Erik/Spittler, Sabine (2012): Controlling & IT: Wie Trends und Herausforderungen der IT die Controllingfunktion verändern, in: Controlling & Management, 56. Jg., Heft 2, S. 105-109.

Winkelmann, Peter (2012): Vertriebskonzeption und Vertriebssteuerung: Die Instrumente des integrierten Kundenmanagements – CRM, 5. Auflage, München.

Wirsing, Martin (2016): Einsatz von cloud-basiertem CRM im Partnervertrieb der Deutschen Telekom AG, in: Binckebanck, Lars/Elste, Rainer (Hrsg.): Digitalisierung im Vertrieb – Strategien zum Einsatz neuer Technologien in Vertriebsorganisationen, Wiesbaden, S. 577-584.

Wolf, Enno E. (2009): Customer Relationship Management Anreizsysteme – Bestandteil eines effektiven und effizienten Vertriebscontrollings, 53. Jg., Sonderheft 2, S. 52-59.